Andreas Herzfeld

Die Wappen der DDR und des Norddeutschen Bundes

Andreas Herzfeld

Die Wappen der DDR

und des

Norddeutschen Bundes

Zwei heraldische Studien

Bibliografische Information der Deutschen Nationalbibliothek
Die Deutsche Nationalbibliothek verzeichnet diese Publikation in der Deutschen Nationalbibliografie; detaillierte bibliografische Daten sind im Internet über http://dnb.d-nb.de abrufbar.

Verlag: Deutsche Gesellschaft für Flaggenkunde e.V. Berlin

Druck und Bindearbeiten: BOD Books on Demand GmbH, Norderstedt
ISBN-13: 978-3-935131-15-5

Für Michael

Inhaltsverzeichnis

Die Wappen

der DDR

Vorwort

Als ich meinen heraldischen und vexillologischen Freunden mitteilte, dass ich mich mit dem DDR-Wappen beschäftige, lautete die einstimmige Antwort „Wie langweilig“. Wie der geneigte Leser feststellen wird, ist diese Materie überhaupt nicht langweilig.
Ein großer Heraldiker formulierte einmal sinngemäß, dass sich ein Wappen nur über die Blasonierung (heraldische Beschreibung) erschließt und die grafische Umsetzung sekundär sei. D.h. verschiedene Abbildungen bedeuten nicht verschiedene Wappen. Dieser Hinweis ist für die klassische Heraldik richtig. Bei der sozialistischen Heraldik werden die Regeln häufig missachtet. Es werden unübliche Farben und Objekte, wie Fabriken, Waffen, Flugkörper usw. verwendet. In den Gesetzblättern wird deshalb meistens auf die beiliegende Wappen- oder Flaggenabbildung verwiesen. Die Beschreibung ist oft kurz und mehrdeutig.
Die Heraldiker mögen mit meiner Meinung nicht immer einverstanden sein, aber sie haben bisher keine das Wappen der DDR behandelnde Monografie vorgelegt.
Alle DDR-Wappen existieren in verschiedenen Varianten. Dies sind nicht einfach grafische Interpretationen sondern essentielle Unterschiede zur Klassifizierung der zugehörigen Flaggen. Aus diesem Grund sind die meisten DDR-Flaggen auf Wikipedia, Flags of the World oder in den Flaggenbüchern der letzten Jahrzehnte falsch. Nur die zu DDR-Zeiten erschienenen Meyers Taschenbücher „Flaggen und Wappen“ von Hans-Ulrich Herzog sind fast korrekt.

Dr. Andreas Herzfeld FFIAV, FFRC
Im Sommer 2017

Zeichen – Emblem – Wappen – Staatswappen

Die beiden ersten Wappen der DDR hießen im offiziellen Sprachgebrauch nicht Wappen, sondern man bezeichnete sie als Zeichen bzw. Emblem. Das erste Wappen wurde im Januar 1950 erstmalig im Diplomatenpass der DDR abgebildet und im Gesetzestext nicht erwähnt. Erst 1951 spricht man vom Zeichen der DDR. Mit der neuen Siegelordnung vom Mai 1953 redet man vom Emblem der DDR. Beide Symbole wurden eindeutig wie Wappen verwendet. Warum diese Zurückhaltung?

Auch wenn viele es heute nicht wahrhaben wollen, hoffte die Regierung der DDR bis weit in die Mitte der 1950ger Jahre auf ein einheitliches demokratisches und neutrales Deutschland, am besten unter kommunistischer Führung. Ministerpräsident Otto Grotewohl stellte Anfang 1951 klar, dass das bisherige Emblem halboffiziös sei und „dass aber jeder ausdrückliche Hinweis darauf, dass es sich hierbei um das offizielle Wappen der DDR handelt, zu unterbleiben“ habe.[1] Dieser Ausspruch, den Jürgen Rimann entdeckte, gibt die damalige Geisteshaltung der DDR-Führung wieder. Die DDR wollte alles vermeiden, was eine Vereinigung behindern könnte. Auch Stalins Noten waren durchaus ernst gemeint.

Die Westalliierten und die Regierung Adenauer betrieben die Westintegration der Bundesrepublik. Konrad Adenauers Ausspruch: „Lieber Halbdeutschland ganz, als Ganzdeutschland halb“ war Programm.

Wie die Tabelle zeigt, vollzogen die Sowjetunion und die DDR alle Entscheidungen im Nachgang, wie z.B. die Währungsreform, die Staatsbildung, die Gründung einer Armee oder Eintritt in ein Militärbündnis.

Erst als die Spaltung Deutschlands mit dem NATO-Beitritt der Bundesrepublik endgültig feststand und Chruschtschow die Theorie von zwei deutschen Staaten verkündet hatte, legte sich die DDR auch offiziell ein Staatswappen zu.

BRD	**DDR**
01.01.1947 Bizone	Erster Deutscher Volksrat 17.03.1948
Marshallplan, European Recovery Program, am 03.04.1948 offiziell beschlossen, begann bereits im Juli 1947	24.06.1948 Berlin-Blockade
20.06.1948 Währungsreform im Westen	28.08.1948 Schwarz-Rot-Gold wird an allen öffentlichen Gebäuden gehisst
01.09.1948 Parlamentarischer Rat	
	Dritter Volkskongress 29./30.05.1949 – Schwarz-Rot-Gold als deutsche Farben
Gründung 14.05.1949 Grundgesetz – Schwarz-Rot-Gold, Bundeswappen	Gründung 07.10.1949

[1] Landeshauptarchiv Schwerin, Ministerpräsidium, 1345

20.01.1950 Bekanntmachung betreffend das Bundeswappen und den Bundesadler	12.01.1950 Zeichen der DDR
	Januar 1950 Otto Grotewohls Vorschlag eines „Gesamtdeutschen Konstituierenden Rats“
	29.09.1950 Betritt zum Rat für gegenseitige Wirtschaftshilfe
18.04.1951 Montanunion	10.03.1952 Wiedervereinigungsvorschlag Stalins, sogenannte „Stalin-Note“, 09.04.1952 gesamtdeutsche Wahlen mit 2. Stalin-Note angeboten
	28.05.1953 Emblem der DDR
27. 02.1955 Ratifizierung der Pariser Verträge durch den Bundestag, NATO- und WEU-Mitgliedschaft der BRD	
05.05.1955 Inkrafttreten der Pariser Verträge	11.-14.05.1955 DDR Gründungsmitglied des Warschauer Vertrages über Freundschaft, Zusammenarbeit und gegenseitigen Beistand
	26.07.1955 Chruschtschow verkündet die Zwei-Staaten-Theorie
	26.09.1955 Staatswappen der DDR
12.11.1955 Aufnahme der ersten 101 Freiwilligen in der neuen deutschen Armee	01.03.1956 Gründung der Nationalen Volksarmee
29.11.1959 Erklärung des Bundeskabinettes: Schwarz-Rot-Gold ist die Flagge Deutschlands	01.10.1959 Staatsflagge mit Staatswappen, sogenannte „Spalterflagge“
1959-1969 Verwendung der DDR-Flagge wird als Straftat verfolgt!	
06.12.1959 Zustimmung der BRD zum IOC-Vorschlag für die Symbole einer gesamtdeutschen Olympiamannschaft: Schwarz-Rot-Gold mit den Olympischen Ringen in Weiß sowie die „Ode an die Freude“ Beethovens als Hymne	

Entstehung und Designer der Wappen

Das erste Zeichen der DDR entwarf der Ministerpräsident der DDR Otto Grotewohl Ende 1949[2]. Er war Buchdrucker mit künstlerischem Talent und hatte schon das Parteiabzeichen der SED entworfen. Mit diesem Design war der Präsident der DDR Wilhelm Pieck unzufrieden, weil er gern neben der Arbeiterklasse und der Bauernschaft auch die Wissenschaft und Kunst im Wappen repräsentiert sehen wollte. Wie der weiter unten abgedruckte Zeitzeugenbericht von Joseph Gutsche zeigt, befürwortete Pieck die Aufnahme eines Zirkels in das Wappen als notwendig.

Erstmalig wurde der Zirkel in das Symbol des Ersten Fünfjahrplans übernommen. Unter Leitung des Schriftstellers Professor Herbert Gute, damals stellvertretender Direktor der Berliner Kunsthochschule, in einem Studentenkollektiv entstand innerhalb von acht Tagen im Spätsommer 1951 das Zeichen des Ersten Fünfjahrplanes der DDR[3].

Als Wilhelm Pieck das Zeichen sah, soll er zu Professor Herbert Gute gesagt haben: „Weißt du, Herbert, so etwa wie das Planzeichen stelle ich mir unser Republikwappen vor."

Im Frühjahr 1952 erhielt Professor Gute vom Ministerpräsidenten Otto Grotewohl die Aufgabe das Staatswappen zu überarbeiten. Grotewohl sagte: „Das Fünfjahrplanzeichen ist ordentlich, jetzt brauchen wir auch ein gutes Staatswappen".

Mehrere Monate vergingen bis das Grafikerkollektiv Gute – Hänisch im Spätherbst 1952 dem Ministerrat seine Lösung auf den Tisch legte konnte. In Dresden hatte der Fachdozent für Schrift Martin Hänisch die Reinzeichnung des DDR-Emblems ausgeführt. Im ursprünglichen Entwurf waren noch vier Ähren im Kranz aneinandergelegt, das Fahnenband war etwas anders geschlungen und die Hammerspitze zeigte nach heraldisch gesehen rechts. Dann wurde die Zeichnung gekontert, die vier Ähren wurden um eine verringert.

Über den Einfluss Wilhelm Piecks auf die Gestaltung des DDR-Wappens gibt es einen Augenzeugenbericht, der hier abgedruckt wird. Interessanterweise wird in keinem der beiden oben zitierten Zeitungsartikel (Tribüne – Autor Heinz Zinke, BZ – Autor Kurt Baum) Piecks Rolle thematisiert. Offenbar war diese wichtige Information dem Gedächtnis der anderen Zeitzeugen entfallen.

[2] Tribüne, 29.09.1989, S. 10

[3] Berliner Zeitung, 17.09.1977, S.9

„Joseph Gutsche[4]

Der Arbeiterpräsident und die Wissenschaft

Elf Jahre erst sind es her, als der erste Friedensstaat auf deutschem Boden, in welchem den arbeitenden Menschen die Macht gehört, unsere Deutsche Demokratische Republik gegründet wurde. An der Spitze des jungen Staates berief das Vertrauen des Volkes den Mitkämpfer Karl Liebknechts und Rosa Luxemburgs, den Tischler, unseren Wilhelm Pieck, als Präsidenten.

Elf Jahre, eine kurze Zeitspanne nur und doch ist unserer Erinnerung schon so vieles entfallen, was für die damalige Zeit, als auch für die darin handelnden Männer charakteristisch ist.

Wer erinnert sich schon noch daran, daß mit der Gründung der DDR ein Staatswappen geschaffen wurde, welches immerhin von seiner heutigen Form noch recht verschieden ausgesehen hat. So zeigte dieses erste Wappen, als Symbol der Macht der Arbeiter und Bauern, im Mittelfeld, nur den Hammer. Der Zirkel, als Symbol der schaffenden und forschenden Intelligenz, gesellte sich erst zwei[5] Jahre später dazu. Die Initiative zu dieser Vervollkommnung des Staatswappens ging vom Präsidenten selber aus, der es schon lange als großen Mangel empfunden hatte, daß der wichtigste Verbündete der Arbeiter und Bauern, unsere Wissenschaft, die geistigen Berufe überhaupt, im Staatswappen durch kein Symbol ihrer Tätigkeit vertreten sind. Folgendes Erlebnis machte mir diese Tatsache bewußt:

Im Jahre 1950[6] kam der Genosse Wilhelm Pieck, zu einem Staatsbesuch, nach Dresden. Nach Beendigung eines sehr anstrengenden Tagesprogramms, entschied sich dafür, im Gästehaus der Landesregierung auf dem weissen Hirsch, zu übernachten. Er beabsichtigte noch einen kleinen Imbiss einzunehmen und im engsten Kreise ihm lange vertrauter Genossen, den Rest des Abends still zu verbringen. Er lud den Genossen Artur Hofmann[7] und mich[8] ein, ihm ein wenig Gesellschaft zu leisten. Während des Essens begann er ein Problem aufzuwerfen, was ihn offensichtlich schon lange beschäftigte, nämlich das Staatswappen der DDR zu vervollkommnen durch ein Symbol, welches stellvertretend für alle geistigen Tätigkeitsgebiete darin aufgenommen werden müsse.

Aber wie sollten so viele und so völlig verschiedene Zweige der Wissenschaft, Forschung, Kunst usw. in einem einzigen Symbol ihren Ausdruck finden? Wie sollte dieses Symbol beschaffen sein und aussehen? Das waren Fragen, die leichter zu stellen als zu beantworten waren. Doch nach einigen Augenblicken betretenen Schweigens, kam der Genosse Wilhelm Pieck mit seinem ersten Vorschlag heraus.

[4] BArch SgY 30/0328 Joseph Gutsche "15. W. Piecks Beitrag zum Staatswappen der DDR", am 01.06.1962 dem Archiv übergeben

[5] Richtig wäre drei Jahre

[6] Handschriftlich in 1949 geändert, was falsch ist. Erst im Januar 1950 wurde das Zeichen der DDR eingeführt.

[7] Sächsischer Innenminister

[8] Joseph Gutsche war Leiter der Länderverwaltung Sachsen des Ministeriums für Staatssicherheit

Wie wäre es denn mit einem aufgeschlagenen Buch? Man merkte ihm an, daß dieser Vorschlag nicht erst in dieser Minute geboren worden war, sondern schon länger von ihm als alle Anforderungen erfüllend angesehen wurde. Um so größer war seine Enttäuschung, als sich sofort eine heftige Opposition dagegen erhob.
Ich erinnere mich genau, daß das Beispiel des Abzeichens der tschechoslowakischen Pioniere eine Rolle spielte. Aber dieses Abzeichen ist in farbiger Emaille ausgeführt. In Siegeln, farb- und besonders Trockenstempeln, wo keine Buntfärbung möglich ist, wird ein solches Symbol nicht genügend klar erkennbar sein. Zum Schluß des Meinungsaustausches verfiel dieser Vorschlag der einstimmigen Ablehnung. Lange saßen wir nun beieinander bevor ein Vorschlag gemacht wurde, der einer ernsthaften Diskussion wert gewesen wäre. Und wieder war es unser Wilhelm Pieck, welcher den nächsten Vorschlag machte, der zwar ebenfalls eine hitzige Debatte auslöste, aber doch bereits als annehmbar anerkannt wurde. Nach langen Für und Wider ergab sich dann auch Einverständnis darüber, daß sein neuer Vorschlag, nämlich der „Zirkel", den er mit großem Eifer gegenüber allen Einwendungen erfolgreich verteidigte als Symbol der geistigen Tätigkeit aller Wissensgebiete anerkannt wurde.
Noch heute ist es mir als hörte ich seine Begründung: ‚Keine Wissenschaft wäre möglich ohne Mathematik und Geometrie, diese sind also die Grundlagen aller Zweige der Wissenschaft überhaupt und für diese wiederum ist der Zirkel absolut unentbehrlich. Obwohl in der Praxis unseres Staates die Wissenschaft, alle geistige Arbeit überhaupt, die Ehre und Anerkennung genießt, die sie verdient, so werde ich doch erst ganz zufrieden sein, wenn auch dieser Mangel behoben sein wird. Die Wissenschaft wird künftig auch im Staatswappen unseres Arbeiter- und Bauernstaates den ihr mit Recht zukommenden Platz einnehmen.'
Mit diesen Worten und einem herzlichen ‚Gute Nacht' verabschiedete uns der Genosse Wilhelm Pieck, obwohl es bereits zu dämmern begann.
Nicht lange darauf erhielt unser Staatswappen durch Hinzufügung des Zirkels, als das Symbol der Wissenschaften, seine endgültige heutige Form[9].
So sorgte sich der Arbeiterpräsident darum, daß die Wissenschaft, in unserer Arbeiter- und Bauernmacht auch symbolisch auf den ihr zukommenden Platz gestellt wurde."

[9] Die Änderung erfolgte am 28.05.1953. Die endgültige Form erhielt das Staatswappen erst am 26.09.1955.

Zeit bis 1950

Die Alliierten verboten 1945 alle nationalsozialistischen Symbole. Deutschland war wappen- und flaggenlos. Ab Ende 1945 durften sich die deutschen Länder in Ost und West Wappen und Flaggen zulegen. Eine gesamtdeutsche Zentralgewalt fehlte.

Die Sowjetunion errichtete im Mai 1945 elf Zentralverwaltungen für ihre Zone und bildete am 04.06.1947 eine Deutsche Wirtschaftskommission. Am 20.08.1948[10] beschlossen die drei Vorsitzenden des Deutschen Volksrates Wilhelm Pieck (SED), Otto Nuschke (CDU) und Herrmann Kastner (LDPD), dass ab sofort an allen öffentlichen Gebäuden an Gedenktagen Schwarz-Rot-Gold zu flaggen sei. Auf dem Dritten Deutschen Volkskongress vom 29.-30.05.1949 wird Schwarz-Rot-Gold als Nationalfarben festgelegt.

Die Währungsreform vom 20.06.1948 im Westen zwang den Osten ähnliche Maßnahmen zu ergreifen. Die alten Reichsmarkscheine erhielten einen Kupon. Noch 1948 druckte die Sowjetische Besatzungszone eigene Geldscheine und prägte eigene Münzen. Auf den Münzen verwendete man erstmalig ein spezifisches Symbol.

Die Münzen zu 1,5 und 10 Pfennig zeigen eine auf ein Zahnrad aufgelegte Ähre. Genau das gleiche Symbol wurde bereits 1943 für die 50 Kopeken Münze des Reichskommissariats Ukraine verwendet. Die Ukraine galt auf Grund ihrer fruchtbaren Böden als Kornkammer und im Osten gab es riesige Eisenerz- und Kohlevorkommen.

Der Grafiker dieses Symbols kam offenbar im Umfeld der Zentralverwaltungen unter und konnte es lancieren. Nun symbolisierten die Ähre die Bauern und das Zahnrad die Arbeiterklasse. Zeitzeugen die diese Übertragung kritisieren könnten, waren entweder gefallen, in russischer Gefangenschaft oder hielten aus gutem Grund den Mund.

[10] zitiert nach: Flaggenhissung vom 29.10.1948, GuVBl Land Brandenburg Heft 23 vom 06.12.1948

50 Pfennig Münze 1948-1950

1. Flagge des DDR-Präsidenten

Deutsche Wirtschaftskommission
1948-1949
(Rekonstruktion)

Deutsche Justizverwaltung
1948-1949
(Rekonstruktion)

Deutsche Verwaltung f. Volksbildung,
1948-1949
(Rekonstruktion)

Zentrale Kontrollkommission
1948-1949
(Rekonstruktion)

Deutsche Verwaltung des Inneren,
1948-1949 und
Deutsche Volkspolizei 1948-1951

Deutsche Seepolizei/VP See
1950-1956?

Die 50 Pfennig Münze zeigte eine Fabrik mit rauchenden Schornsteinen und einem Pflug. Alle vier Münzen wurden von 1948-50 geprägt.
Im Gegensatz zu den Westzonen wurden bereits am 21.10.1948[11] die ersten Kraftfahrzeugstandarten für insgesamt 20 führende Persönlichkeiten der **Zentralverwaltungen** eingeführt. Das genaue Design dieser Flaggen ist nicht bekannt. Diese Standarten waren schwarz-rot-gold längsgestreift, wahrscheinlich rechteckig und hatten die Aufschrift „DWK" (Deutsche Wirtschaftskommission), „DVV" (Deutsche Verwaltung für Volksbildung), „DJV" (Deutsche Justizverwaltung), „ZKK" (Zentrale Kontrollkommission) oder den Polizeistern (Deutsche Verwaltung des Inneren)

Wilhelm Pieck, der **Präsident der DDR** führte seit dem 18.11.1949 eine rechteckige, schwarz-rot-goldene Standarte aus Blech mit gelbem Rand und der Aufschrift „PRÄSIDENT" in gelb im roten Streifen und „DDR" in schwarz im gelben Streifen in der Größe 18x25,5 cm[12]. Mitte 1950 wurde eine textile Standarte mit identischem Design (nur die Schriftart war jetzt Fraktur) in Dienst genommen.

Die Volkspolizei nutzte seit 1948 den Polizeistern mit einem schwarz-rot-goldenen Schild. Wie oben ausgeführt wurde der Polizeistern auch schwarz-rot-goldenen Flaggen aufgelegt.

Aufnahme ca. 1949, die VP-Flagge hängt verkehrt, der schwarze Streifen gehört nach links

Flagge der Seepolizei und Flagge der Volksmarine

[11] BArch DO1/55659
[12] Deutsches Historisches Museum Berlin – Ständige Ausstellung im Zeughaus

Zeichen der DDR (1. Wappen)

DAS ERSTE STAATSEMBLEM der Deutschen Demokratischen Republik wurde von Otto Grotewohl entworfen. Fotos: Archiv

Erstmalig wird das erste Zeichen der DDR auf den Diplomatenpässen abgebildet[13]. Im entsprechenden Gesetzestext wird das Zeichen nicht erwähnt. Bei Joseph Gutsche wird es bereits als Staatswappen bezeichnet (s. S. 12). Eine schwarz-weiße Abbildung des ersten Wappens erschien in der Gewerkschaftszeitung Tribüne vom 29.09.1989.

Im farbigen Wappen war der Hammer schwarz dargestellt, der Ährenkranz gelb und der Untergrund rot. Damit waren die deutschen Farben schwarz-rot-gold auch im Wappen präsent. Die DDR hatte das farbige Wappen möglicherweise nur im diplomatischen Bereich verwendet.

Innerhalb der DDR verwendete man das Zeichen, soweit bisher bekannt, nur in einer einfarbigen und stilisierten Form.

[13] Verordnung über die Ausgabe von Diplomatenpässen und Dienstpässen vom 12.01.1950, GBl DDR, S.61

Über dem Präsidium der Volkskammer hing das stilisierte Wappen. Aber auch „Freie Fahrt“ Ausweise, Gebührenmarken oder die DDR-typischen Hausbücher hatten nur das stilisierte Wappen aufgedruckt bzw. geprägt.

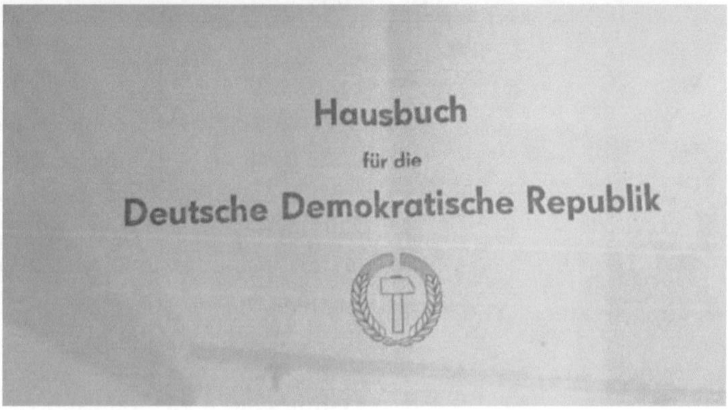

Durch eine Polizeiverordnung vom 29.01.1951[14] wird für den Präsidenten eine neue Standarte „in den Farben und mit dem Zeichen“ der DDR eingeführt. Da kein Bild dieser dritten Standarte existiert, kann deren Aussehen nur rekonstruiert werden. Im Allgemeinen wird der Hammer gelb dargestellt. Der Autor ist aber der Meinung, dass

---

[14] Polizeiverordnung über das Führen von Sonderkennzeichen, Sondersignalen, Standarten und Wimpel vom 29.01.1951, MBl DDR 1951, S. 5

Piecks dritte Standarte entsprechend der jetzt bekannten Wappendarstellungen ebenfalls einen schwarzen Hammer führte.

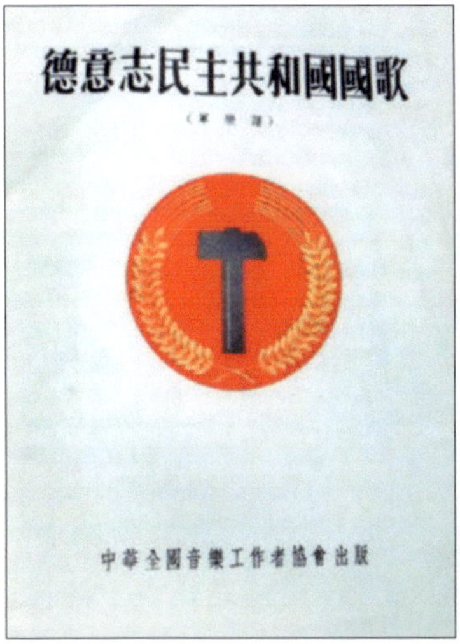

Deckblatt zur Musik der DDR-Nationalhymne, Volksrepublik China ca. 1950

Originalmuster eines „Freie Fahrt“ Scheines für PKW ca. 1950

Verschiedene Rekonstruktionen der dritten Präsidentenstandarte. Am wahrscheinlichsten ist die mit dem schwarzen Hammer

Symbol des Ersten Fünfjahrplanes

Das Fünfjahrplansymbol ist deshalb wichtig, weil hier erstmals alle Komponenten des späteren DDR-Staatswappens vereint sind: Hammer, vier Ähren und Zirkel. Der Hammer schaut nach rechts und der Zirkel hat hier nur zwei Schenkel.
Der erste Fünfjahrplan der DDR galt für die Jahre 1951-1955 und sollte den Aufbau einer industriellen Basis erbringen. Das einfarbige Emblem ist von Briefmarken gut bekannt. Auf den von 1952 und 1953 geprägten Münzen erscheint das Emblem ebenfalls, allerdings ohne die Zahl „5“ und mit zwei Ähren.
Wenig bekannt dürfte die farbige Variante des Fünfjahrplansymbols sein. Der Hammer ist schwarz, die vier Ähren gelb oder weiß, die aufgelegte 5 rot und der zweischenkelige Zirkel gelb oder weiß.

5
DIE VOLKSPOLIZEI
schützt unsere friedliche Aufbauarbeit
und das Glück unserer Kinder

Emblem der DDR (2.Wappen)

Am 28.05.1953[15] wird das sogenannte Emblem der DDR als 2. Wappen eingeführt. Es enthält alle Bestandteile des späteren Staatswappens der DDR: Hammer, Ährenkranz mit Flaggenband und Zirkel mit Stange zum Justieren des Winkels und Feststellen der Schenkel. Eine offizielle Verwendung als Wappen war nicht vorgesehen, ist aber fotografisch dokumentiert (s.u.).

Siegelvarianten

Die Stange zum Feststellen und Justieren der Schenkel zeigt heraldisch nach rechts, der Hammer nach links. Im Fünfjahrplanzeichen schaute die Hammerspitze noch nach rechts. Interessant ist die verstärkte Zeichnung der linken Hammerstielkante. So wird eine Dreidimensionalität angedeutet. Sehr interessant ist, dass alle bekannten Siegelabdrücke diese Verstärkung auf der rechten Seite haben, also der Gesetzesvorgabe nicht entsprechen! Vielleicht wollte man durch diese Konterung dem in der DDR beliebten Spruch „Ex oriente lux“ (Aus dem Osten kommt das Licht) einen grafischen Ausdruck verleihen. Dieser Schatten deutet vielleicht an, dass das Licht= Sowjetunion=Sozialismus aus dem Osten erstrahlt.
Sogar das Gesetz über das Staatswappen der DDR wurde mit einem nicht korrekten Siegel versehen (s. nächstes Kapitel). Möglicherweise gibt es eine bisher unbekannte Anordnung über diese kleine grafische Änderung des Siegels.

[15] Siegelordnung der Deutschen Demokratischen Republik vom 25.05.1953, GBl DDR, S.830

Originalsiegelabdruck im Gesetzblatt

Originalsiegelabdruck in den Dokumenten

Das Siegel wird nicht nur zum Siegeln von Dokumenten verwendet, sondern es findet sich auch im Briefkopf der Ministerien und obersten Behörden oder Mappen für Abschlusszeugnisse.

203 / 122

121

DEUTSCHE DEMOKRATISCHE REPUBLIK

Der Stellvertreter des Vorsitzenden des Ministerrates
und Minister für Außenhandel
und Innerdeutschen Handel

Berlin, den 22.3.1960 I/61
0010/Sch.

Dieses Briefpapier mit dem Emblem von 1953 wurde 1955 gedruckt und aufgebraucht

Weitere Varianten

Auf dem Bild unten sieht man die Verwendung des Emblems von 1953 in farbiger Ausführung. Das Foto stammt zwar vom 07.10.1955, aber in der oberen Reihe ist das Emblem in der Mitte im Sinne eines Wappens zwischen den Staatswappen der Sowjetunion und Polens platziert.
An der Tribüne hängt das gleiche Emblem aber mit schwarzem Hammer. Es symbolisiert die bewaffneten Organe der DDR, hier die kasernierte Volkspolizei. Später nutzt auch die Nationale Volksarmee das Staatswappen mit schwarzem Hammer (s. nächstes Kapitel).

Kasernierte Volkspolizei, Parade am 07.10.1955

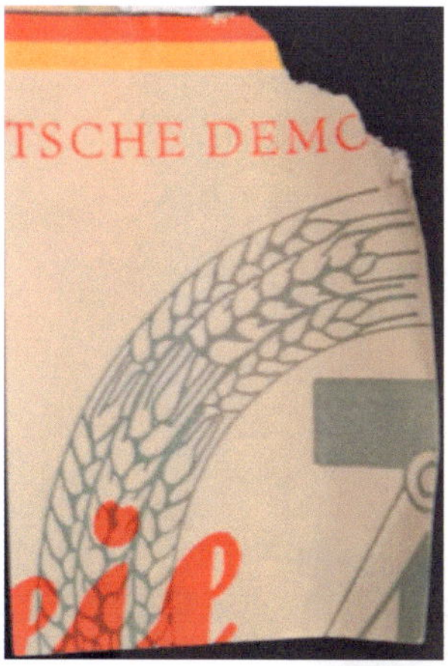

Eine weitere Nutzung des Siegels oder des Staatswappens mit schwarzem Hammer kann der Autor nachweisen. Im Bundesarchiv fand sich ein Stück des „Freie Fahrt“ Ausweises mit dem Abdruck des Wappens mit schwarzem Hammer. Leider kann nicht bestimmt werden, ob es von 1953 oder 1955 stammt.

Links: Der Originalschnipsel
Unten: Rekonstruktion des Freie Fahrt Ausweises mit Siegel bzw. Staatswappen.

Staatswappen der DDR (3. Wappen)

Nachdem die Teilung Deutschlands mit dem Beitritt beider deutscher Staaten in ihre Militärbündnisse und Chruschtschows Theorie der zwei deutschen Staaten zementiert war, nahm die DDR ein Staatswappen an[16]. Dies entsprach von ein paar stilistischen Korrekturen abgesehen dem Siegel von 1953. Es wurde der Hammer modifiziert und die Stange zum Feststellen und Justieren der Schenkel des Zirkels zeigte jetzt ebenfalls nach links.

Reguläre Form – Original

Die nebenstehende Abbildung zeigt das DDR-Staatswappen, so wie es im Gesetzblatt abgebildet wurde. Auffällig ist der rechts oben durchbrochene äußere Ring der Zirkelschraube. Am 26.09.1955 wurde neben dem Staatswappen die Staatsflagge Schwarz-Rot-Gold und die Standarte des Präsidenten der DDR eingeführt. Diese Standarte hat das reguläre Staatswappen aufgelegt. Einen Tag später wurden Dienstwimpel für Schiffe die zur Durchführung staatlicher Aufgaben bestimmt sind eingeführt[17].

[16] Gesetz über das Staatswappen und die Staatsflagge der Deutschen Demokratischen Republik vom 26.09.1955, GBl DDR I 1955, S. 705

[17] Verordnung über die Führung von Dienstflaggen und Dienstwimpeln vom 27.09.1955, GBl DDR I 1955 S. 706

Gesetz
über das Staatswappen und die Staatsflagge der Deutschen Demokratischen Republik

vom 26. September 1955

§ 1

Das Staatswappen der Deutschen Demokratischen Republik besteht aus Hammer und Zirkel, umgeben von einem Ährenkranz, der im unteren Teil von einem schwarz-rot-goldenen Band umschlungen ist.

§ 2

(1) Die Staatsflagge der Deutschen Demokratischen Republik besteht aus den Farben Schwarz-Rot-Gold.

(2) Die Farben Schwarz-Rot-Gold sind in der Staatsflagge in drei gleich breiten Streifen angeordnet.

(3) Die Staatsflagge wird in der Weise geführt, daß der schwarze Farbstreifen oben, der rote Farbstreifen in der Mitte und der goldene Farbstreifen unten erscheint.

(4) Die Breite der Staatsflagge verhält sich zu ihrer Länge wie 3 : 5.

§ 3

(1) Der Präsident der Deutschen Demokratischen Republik führt eine Standarte.

(2) Die Standarte ist quadratisch, trägt in der Mitte auf rotem Grund das Staatswappen der Deutschen Demokratischen Republik, wird von den Farben der Deutschen Demokratischen Republik eingefaßt und durch goldene Fransen abgeschlossen.

(3) Das Verhältnis des Wappens zur Standarte beträgt 1 : 2, das der Einfassung zur Standarte 1 : 20.

§ 4

Für die Form, Gestaltung und Farbe des Staatswappens, der Staatsflagge und der Standarte des Präsidenten der Deutschen Demokratischen Republik sind die anliegenden Muster verbindlich.

2

§ 5

Alle mit dem Staatswappen und der Staatsflagge im Zusammenhang stehenden weiteren Fragen, insbesondere die Flaggenführung der See- und Binnenschiffe und die Schaffung von Dienstflaggen und Dienstwimpeln regelt der Ministerrat der Deutschen Demokratischen Republik.

§ 6

Das Gesetz tritt mit seiner Verkündung in Kraft.

Das vorstehende verfassungsmäßig zustandegekommene Gesetz wird hiermit ausgefertigt.

Berlin, den 27. September 1955

DEUTSCHE DEMOKRATISCHE REPUBLIK · Volkskammer ·

Präsident
der Volkskammer
der Deutschen Demokratischen Republik

Diese Wimpel waren weiß mit dem Staatswappen und farbigen Streifen an beiden Schenkeln.

Präsidentenstandarte 1955-1960

grüner Streifen – Zollverwaltung
blauer Streifen – Schifffahrtsaufsicht
gelber Streifen – Gesundheitswesen
silbergrauer Streifen – Fischerei
alle Wimpel 1955-1973 in Gebrauch

Korrigierte reguläre Form

Nach dem Tode Wilhelm Piecks wird am 04.10.1960[18] eine neue Standarte für den Vorsitzenden des Staatsrates eingeführt. Hier wird zum ersten Mal die korrigierte reguläre Wappenform verwendet. Alle Stempel und Siegel haben auch diese Wappenform. Die Hammerschrägen sind gleich groß und der äußere Ring ist geschlossen (achteckige Bahn). Es stellt sich natürlich die Frage, ob die primär veröffentlichte Wappenabbildung fehlerhaft war. Die unterschiedlich großen schwarzen Hammerschrägen können durchaus durch einen grafischer Fehler entstanden sein. Offenbar absichtlich ist der äußere Ring der Zirkelschraube rechts oben offen gelassen worden. Auch bei Einführung der neuen Staatsflagge und der Handelsflagge 1959 ist der gleiche Ring an gleicher Stelle durchbrochen (s. Variante 3, S. 38). Der Sinn dieser Besonderheit ist nicht bekannt.
Die Grenzbrigade Küste und die Boote der Grenztruppen erhalten 1962 eine Dienstflagge mit aufgelegtem Polizeistern und korrigiertem regulärem Wappen (s. S. 29).
In der DDR war es üblich an Feiertagen zu flaggen. Die DDR-Staatsflagge und die rote Fahne der Arbeiterklasse wurden millionenfach verkauft. Allen diesen Flaggen ist gemeinsam, dass sie das korrigierte reguläre Wappen enthalten. (Abb. S. 29)

[18] GBl DDR I (1960) S. 532

Flagge des Staatsratsvorsitzenden seit 1960 Flagge Grenzbrigade Küste u. Grenztruppen 1962-1973

VP-Stern, Detail der Flagge Grenzbrigade Küste und Grenztruppen 1962-1973

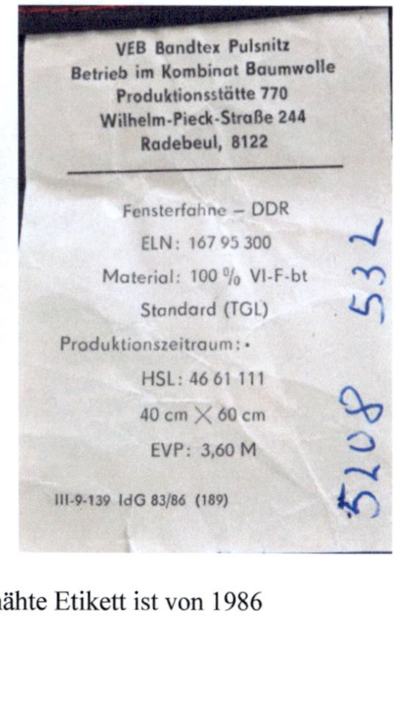

Originalflagge von 1986 oder später. Das eingenähte Etikett ist von 1986

Variante 1 bis 1959

Neben der regulären Wappenvariante existierte eine Variante mit schwarzem Hammer. Diese Variante wurde hauptsächlich im militärischen Bereich verwendet. Der letzte fotografische Nachweis ist vom Oktober 1959. Mit der Aufnahme des Staatswappens in die Nationalflagge verschwand der schwarze Hammer.
Interessant ist die Aufnahme des Staatswappens mit schwarzem Hammer in die Fahne der Seestreitkräfte zur Vereidigung des Stabes. Diesbezügliche Unterlagen wurden noch nicht gefunden.

Vereidigung des Stabes der Seestreitkräfte durch Konteradmiral Felix Scheffler März 1956

Aufnahme ca. 1958, Redner Otto Grotewohl, Dritter von li. Walter Ulbricht

Aufnahme vom Oktober 1959 in Vorbereitung des 10. Jahrestages der DDR

Wimpel der Zeitung Neues Deutschland
undatiert, ca. 1959
Hammer, Zirkel und Ähren sind schwarz dargestellt

Zwischenvarianten

Zwei frühe Flaggen im militärischen Bereich nutzen eine Zwischenvariante des regulären DDR-Staatswappens und der Variante 2. Dies sind:

1. Die mit Befehl Nr. 29/56[19] des Ministers für Nationale Verteidigung am 19.04.1956 eingeführte Truppenfahne der NVA. Hier entspricht der Hammer der Variante 2, d.h. der Hammer hat keine Abschrägungen und eine anders geformte Finne, aber die die Zirkelschenkel verbindende Schraube wird mit 2 Ringen dargestellt. Außerdem schließen die Grannen der Ähren in gerader Linie ab. Das Wappen wird erst 1973 korrigiert (s. Variante 2)
2. Die Flagge des Ministers für Nationale Verteidigung (Abb. nächste Seite) hat ein Wappen mit dem regulären Hammer, d.h. mit schwarzen Abschrägungen, aber die Zirkelschenkel verbindende Schraube wird mit einem Ring dargestellt. Die Ähren sind braun eingefasst. Hier erfolgte die Korrektur bereits 1960.
3. Die Grenzpolizei erhielt mit Beschluss[20] des Präsidiums des Ministerrates vom 10.01.1958 über die „Verleihung von Fahnen an kasernierte Einheiten des Ministerium des Inneren“ eigene Truppenfahnen. Die erste Verleihung erfolgte am 17.03.1958 an die 1. Bereitschaft der Grenzpolizei. Leider ist die dem Beschluss beigelegte Zeichnung (s. nächste Seite) sehr missverständlich. Das genutzte Wappen könnte wie in der späteren Flagge der Grenzbrigade Küste und Grenztruppen 1962-1973 dem korrigierten regulären Wappen entsprechen. Andererseits wurde dem Beschluss die unter 1. aufgeführte Truppenfahne der NVA zum Vergleich beigelegt. Weiterhin spricht für die Verwendung der Zwischenform des Wappens die Umschrift „Für den Schutz der Arbeiter-und-Bauern-Macht“. Daher wird die genaue Wappenform wahrscheinlich nie zu klären sein.

Möglicherweise sind dies nur durch Unaufmerksamkeit entstandene Abweichungen, aber sie existieren und sollen entsprechend gewürdigt werden.

[19] BArch DVW 1/1808

[20] BArch DO 1/11294

Truppenfahne der NVA im Befehl 29/56 des Ministers für Verteidigung vom 19.04.1956

Truppenfahne der 1. Mechanisierten Division während der Vereidigung am 30.04.1956

Flagge des Ministers für Nationale Verteidigung 1957-1960

Truppenfahne der Grenzpolizei 1958-1961

Fahnenspitze für Truppenflaggen
NVA – Gold, Grenzpolizei – Silber

Variante 2 seit 1957

Diese Variante wurde erstmalig 1957[21] offiziell verwendet. Die kaum wahrnehmbare Modifikation des Wappens besteht darin, dass der Hammer keine schwarzen Abschrägungen mehr hat (viereckige Bahn), die Grannen der Ähren in gerader Linie abschließen, die Ähren jetzt schwarz eingefasst sind und die die Zirkelschenkel verbindende Schraube nur noch aus einem Ring besteht. Diese Form des Wappens wurde ausschließlich im militärischen und paramilitärischen Bereich verwendet. In der Bundesrepublik gibt es die gleiche Gepflogenheit. Der Bundesadler, der in den Flaggen der Bundeswehr verwendet wird, unterscheidet sich von dem der Dienstflaggen der Regierung.

Diese Unterscheidung muss den Regierenden in der DDR wichtig gewesen sein, denn sie änderten deshalb mehrere Flaggen: die Flagge des Ministers für Nationale Verteidigung, die Dienstwimpel des Zolles, der Fischereiaufsicht u.a. sowie der Grenzbrigade Küste und der Grenztruppen.

Vereidigung der ersten Soldaten 30.04.1956
Übergabe der Truppenfahne der NVA durch Generaloberst Willi Stoph
an die 1. Mechanisierte Division

[21] Verordnung über die Dienstflagge der Nationalen Volksarmee vom 27.06.1957, GBl DDR I, S. 505

Als man 1960 eine Reihe von Dienstflaggen mit modifiziertem Staatswappen (Variante 2) für die NVA einführte, änderte man die Flagge des Ministers für Nationale Verteidigung. Die sich abzeichnende internationale Anerkennung der DDR und die geplante Aufnahme beider deutschen Staaten in die UNO, veranlasste die Staatsführung 1973 die Flaggen der DDR neuzuordnen. Alle militärischen Flaggen und die Flaggen des Ministeriums des Inneren führten jetzt einheitlich das modifizierte Staatswappen bis zum Ende der DDR.

Ungeachtet dieser klaren Linie gibt es mehrere Ausnahmen, die als Subvarianten gelten müssen:

1. Die Dienstwimpel der stattlichen Organe (Schifffahrtsausicht, Zollverwaltung, Gesundheitswesen, Wasserwirtschaft und Fischereiaufsicht) und das Hoheitszeichen der NVA haben das Staatswappen Variante 2 aufgelegt, aber die Ähren sind wie beim regulären Wappen in **Braun** eingefasst.
2. Die Truppenfahnen der NVA und der Grenztruppen führen den Hammer, den Zirkel und die Ähren ohne Einfassung in **Gold**.
3. Das Wappen und die Flaggen der Zivilverteidigung führen eine modifizierte Variante 2 des Staatswappens. Die Ähren sind entsprechend der Schildfarbe violett (offiziell **malinorot**) auf gelben Grund. (Abb. nächste Seite)

Dienstwimpel Schifffahrtsaufsicht
1973-1990

Truppenfahne der NVA 1973-1990 und
der Grenztruppen 1961?-1990

Hoheitszeichen für Fahrzeuge der NVA
1973-1990

Flagge Zivilverteidigung
1979-1990

Dienstflagge der NVA
1957-1990

Minister für Nationale Verteidigung
1960-1973

Minister für Nationale Verteidigung
1973-1990

Vorsitzender des nationalen Verteidigungsrates
1973-1990

Flagge Volkspolizei, Feuerwehr und Strafvollzug
1973-1990 (Wappen Variante 2)

Hoheitszeichen Luftfahrzeuge
1973-1990

Variante 3 – 1959

Mit der Änderung der Staatsflagge und bei Einführung der Handelsflagge am 01.10.1959[22] wurde das Staatswappen erneut modifiziert. Der äußere Ring der die Zirkelschenkel verbindenden Schraube ist nun deutlich dicker und rechts oben offen. Die obere Hammerschräge ist ebenfalls wie 1955 bei Einführung des Wappens kleiner.
Hans-Ulrich Herzog hat in seinen Büchern („Flaggen und Wappen“ von 1980 und 1982 sowie „Lexikon Wappen und Flaggen“ von 1990, Abb. li.) konsequent diese Variante als Staatsflagge und Handelsflagge verwendet.

Fast alle in der Bundesrepublik produzierten DDR-Flaggen führen dieses Wappen.

Staatsflagge der DDR 1959-1990

Handelsflagge der DDR 1959-1973

Weitere Varianten

Offiziell gab es nur eine weitere Variante. Das Hoheitszeichen der Luftfahrzeuge zeigte seit 1973 auf einem schwarz-rot-gelben Rhombus das „stilisierte Staatswappen“ (Abb. s. S. 37).
Höchst interessant ist das Wappen der 1. Mechanisierten Division? (oder der FDJ-Initiative zum Eintritt in die NVA), welches am 30.04.1956 zur ersten Vereidigung von Rekruten der NVA an der Tribüne hing. Es zeigt einen aus zwei Ähren bestehenden Ährenkranz auf schwarzem Grund, einen schwarzen Hammer mit gelber (?),

[22] GBl I DDR 1959 S. 691

aufgelegter Silhouette einer Patrone, schwarzem Zirkel und einer gelben aufgehenden Sonne (Hinweis auf die FDJ, welche die Werbetrommel gerührt hatte?). Leider hat der Autor keine weiteren Informationen.
Auch die FDJ nutzte ein modifiziertes Staatswappen mit einem aufgeschlagenen Buch und FDJ-Emblem (s. u.). Wahrscheinlich kam es im Rahmen der „Messe der Meister von morgen“ zur Anwendung.

Das Wappen? der NVA, Fotografie vom 30.04.1956

17.12.1958, in der Mitte Walter Ulbricht

Emblem des Zweiten Fünfjahrplans

Die 2. Fünfjahrplanperiode sollte von 1956-1960 gehen. Sie wurde erst 1958 verabschiedet und bereits Oktober 1959 durch den Siebenjahrplan ersetzt. Ungeachtet aller Schwierigkeiten wurde ein Symbol entworfen und im Briefpapier der Regierung sowie der Räte der Bezirke verwendet. Das Emblem war dunkelblau.

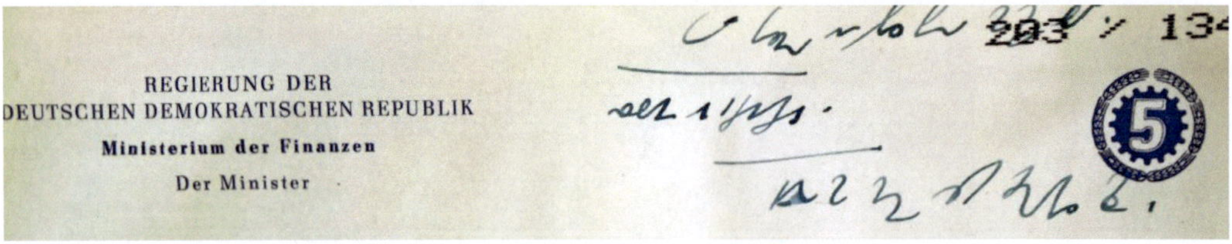

Olympische Spiele 1960-1968

Im Jahre 1952 hatte die Bundesrepublik erstmalig an den Olympischen Spielen teilgenommen. Für 1956 war geplant, dass beide deutsche Staaten mit einer gemeinsamen gesamtdeutschen Mannschaft an den Spielen teilnehmen. In Melbourne trat die gesamtdeutsche Mannschaft mit der schwarz-rot-goldenen Flagge an. Mit der Aufnahme des Staatswappens in die DDR-Nationalflagge 1959 entstand ein riesiges Problem. Beide deutsche Staaten hatten kurz von den Olympischen Winterspielen 1960 unterschiedliche Nationalflaggen. Beide Staaten lehnten die Symbole des anderen ab. Das IOC versuchte zu vermitteln.

Erst am 06.12.1959 stimmte die BRD zum IOC-Vorschlag für die Symbole einer gesamtdeutschen Olympiamannschaft zu: Flagge Schwarz-Rot-Gold mit den Olympischen Ringen in Weiß sowie die „Ode an die Freude" Beethovens als Hymne. Diese Flagge wehte 1960 und 1964 für die gesamtdeutsche Mannschaft. Vier Jahre später 1968 traten beide deutsche Staaten erstmals mit getrennten Mannschaften zu Olympischen Spielen an. Aber die schwarz-rote-goldene Flagge mit den Olympischen Ringen wurde weiterhin verwendet. Erst seit 1969 nutzte jede deutsche Mannschaft ihre eigene Nationalflagge.

Wendezeit 1990

Am 09.10.1989 erzwangen die demonstrierenden Menschen in Leipzig die Wende, in deren Gefolge die SED ihren Alleinmachtanspruch aufgab und sich auflöste. Die Wahlen zur Volkskammer vom 18.03.1990 brachte eine demokratisch gewählte Regierung an die Macht. Bereits am 09.04.1990 erhielten alle Volkskammerabgeordnete Ausweise mit dem Recht zur „Freien Fahrt“ im öffentlichen Verkehr. Dieser Ausweis enthält noch das DDR-Staatswappen.

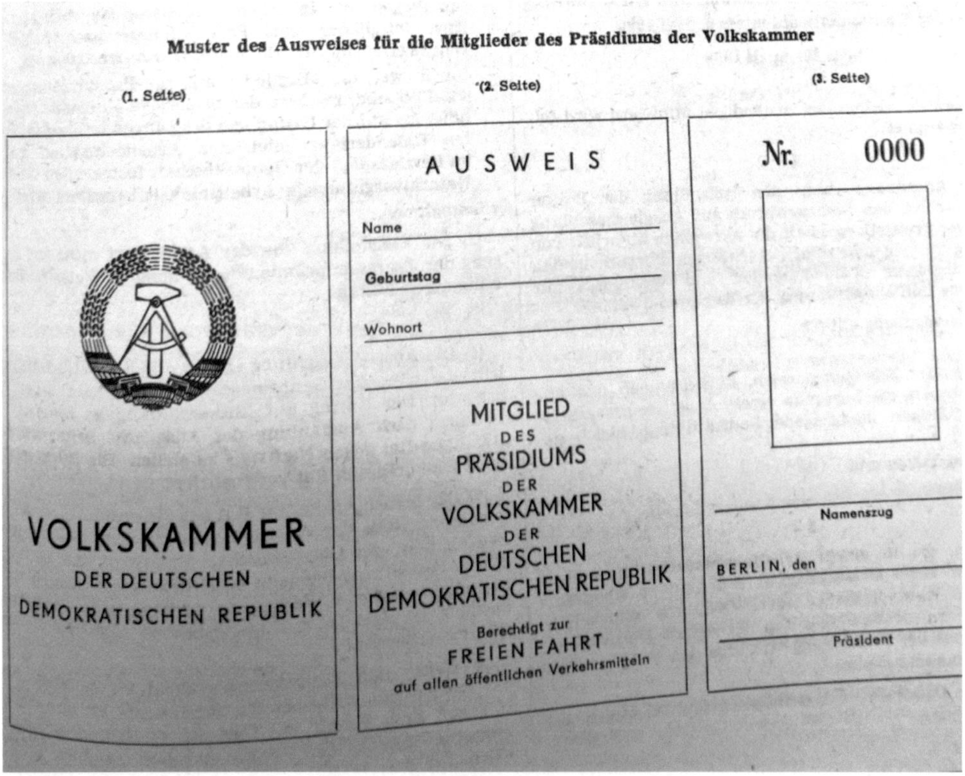

Abbildung aus dem Gesetzblatt

Sechs Wochen später am 31.05.1990 nahm die Volkskammer einen weltgeschichtlich einmaligen Beschluss an[23]:
„Alle Staatswappen, die sich in und an öffentlichen Gebäuden befinden, sind unverzüglich, spätestens jedoch in Wochenfrist, zu entfernen.

[23] GBl DDR I 1990, S. 276

Wo dies aus technischen oder finanziellen Gründen nicht möglich ist, ist das Wappen zu verdecken.
Vorstehender Beschluß wurde von der Volkskammer in ihrer 9. Tagung am 31. Mai 1990 gefaßt."
In Flaggen und auf Dokumenten wurde das DDR-Staatswappen weiterhin verwendet. Mit der Wiedervereinigung beider deutscher Staaten verlor das DDR-Staatswappen am 02.10.1990 um 24 Uhr seine Funktion als Hoheitszeichen eines Staates.

Die Friedensbewegung in der DDR aber auch die Teilnehmer der Montagsgebete in der Leipziger Nikolaikirche nutzten das Motiv „Schwerter zu Pflugscharen". Dieser Leitspruch findet im Alten Testament der Bibel (Micha 4, 3). Die bildliche Vorlage lieferte die 1959 der UNO als Geschenk übergegebene Skulptur des sowjetischen Bildhauers Jewgeni Wiktorowitsch Wutschetitsch. Der DDR-Grafiker Gerhard Voigt schuf ebenfalls eine Grafik für Frieden und Abrüstung, welche den ersten Preis des internationalen Plakatwettbewerbs der UNO in Vorbereitung der 2. UN-Sondertagung für Abrüstung im Mai 1982 gewann. Diese Grafik setzte sich nicht durch.
Beim Propheten Micha heißt es in Mi 4,1–4:
„In den letzten Tagen aber wird der Berg, auf dem Gottes Haus steht, fest stehen, höher als alle Berge und über alle Hügel erhaben. Und die Völker werden herzulaufen, und viele Heiden werden hingehen und sagen: ‚Kommt, lasst uns hinauf zum Berge des Herrn gehen und zum Haus des Gottes Jakobs, damit er uns lehre seine Wege und wir in seinen Pfaden wandeln!'
Denn von Zion wird Weisung ausgehen und des Herrn Wort von Jerusalem. Er wird unter großen Völkern richten und viele Heiden zurechtweisen in fernen Ländern. Sie werden ihre **Schwerter zu Pflugscharen** und ihre Spieße zu Sicheln machen. Kein Volk wird gegen das andere das Schwert erheben, und sie werden fortan nicht mehr lernen, Krieg zu führen. Ein jeder wird unter seinem Weinstock und Feigenbaum wohnen, und niemand wird sie schrecken.
Denn der Mund des Herrn Zebaot hat es geredet."

Die am „Runden Tisch" vereinigten Bürgerrechtler und Friedensaktivisten versuchten 1990 das Symbol „Schwerter zu Pflugscharen" als neues DDR-Staatswappen durchzusetzen. Die Arbeitsgruppe „Neue Verfassung der DDR" schlug es in Artikel 43 des „Verfassungsentwurfs der Deutschen Demokratischen Republik" als zukünftiges Staatswappen vor. Die unglaubliche schnelle politische Entwicklung verhinderte die Verwirklichung des Projektes[24].

[24] Zit. Nach Harry D. Schurdel: Flaggen & Wappen Deutschland, Battenberg Verlag Augsburg 1995

Statue „Schwerter zu Pflugscharen“
vor dem UNO-Hauptgebäude
in New York

Emblem der DDR-Friedensbewegung von 1981

Emblem von Gerhard Voigt 1981/82

Entwurf für ein neues Staatswappen der
DDR durch den Runden Tisch
(nach Schurdel)

Ausblick

Mit der Wiedervereinigung verlor das DDR-Staatswappen seinen Status als Hoheitszeichen. Somit kann es von Jedermann frei verwendet werden. Leider wurde diese juristische Wahrheit in den 1990-ern von der Polizei negiert. Es sind mehrere Fälle bekannt, wo Bürger wegen Zeigen verfassungswidriger Symbole den Strafverfolgungsbehörden übergeben wurden. Diese Verfahren wurden immer eingestellt. Allerdings gab es auch immer wieder Bestrebungen die Symbole der DDR als verfassungswidrig einstufen zu lassen. Heute ist das Staatswappen der DDR, so anachronistisch es klingt, ein identitätsstiftendes Symbol für Teile der Ostdeutschen geworden.
Im Jahre 2003 sicherte sich ein Geschäftsmann aus Baden-Württemberg die Markenrechten am Staatswappen und einigen anderen Symbolen der DDR. Ein bisher ebenfalls einmaliger Vorgang. Das Deutsche Patent- und Markenamt in München registrierte am 13.10.2003 die Rechte des Geschäftsmannes. Es folgten 2008 zwei gerichtliche Auseinandersetzungen in deren Folge das Bundespatentamt die Rechte an der „farbigen Bildmarke 303 34 503“ wie das Staatswappen in der Verhandlung hieß widerrief[25]. Die Begründung des Gerichtes sei hier auch aus dem Grund abgedruckt, weil sie die Diskriminierung von DDR-Symbolen endgültig beendete:
„Die angegriffene Marke bestehe aus der Abbildung des Staatswappens der ehemaligen DDR. Dieses sei zwar seit deren Beitritt zur Bundesrepublik Deutschland kein Hoheitszeichen mehr. Allerdings könnten auch ehemalige Hoheitszeichen der DDR noch als mittelbare geografische Herkunftsangaben und besondere Qualitätshinweise für Waren, die aus den fünf neuen Bundesländern – dem früheren Staatsgebiet der ehemaligen DDR – stammten und dort immer noch als sog. Ostprodukte hergestellt und vertrieben würden, in Betracht kommen.
Viele dieser Produkte hätten Kultstatus erlangt und würden, wie eine Internetrecherche ergeben habe, in Ostprodukteshops auch unter Verwendung des ehemaligen DDR-Staatswappens vertrieben. Typische Ostprodukte und Ostsymbole hätten vor dem Hintergrund der nostalgischen Verklärung der DDR-Vergangenheit in Filmen wie „Good bye Lenin“ und Fernsehsendungen wie „Die ultimative Ostshow“ oder „Die DDR-Show“ derzeit Hochkonjunktur. Deshalb würden die beteiligten Verkehrskreise in der angegriffenen Bildmarke nur einen Hinweis auf die Art, die Herkunft und/oder die Qualität der Waren, aber keinen betrieblichen Herkunftshinweis sehen. Der Eintragung der Marke habe wegen des dargestellten beschreibenden Inhalts auch ein berechtigtes Bedürfnis der Allgemeinheit an ihrer freien Verwendbarkeit entgegengestanden.“

[25] Zit. Nach Jörg M. Karaschewski: Flaggen in der DDR, BoD Norderstedt 2015

Abkürzungen

Abb.	Abbildung
BArch	Bundesarchiv
BRD	Bundesrepublik Deutschland
CDU	Christlich-Demokratische Union der DDR
DDR	Deutsche Demokratische Republik
FDJ	Freie Deutsche Jugend
GBl	Gesetzblatt
KPD	Kommunistische Partei Deutschlands
LDPD	Liberal-demokratische Partei Deutschlands
NVA	Nationale Volksarmee
SED	Sozialistische Einheitspartei Deutschlands
SPD	Sozialdemokratische Partei Deutschlands
UNO	Vereinte Nationen
VP	Volkspolizei

Quellen

Die Wappen und Flaggen wurden direkt aus den Gesetzblättern abfotografiert. Da diese in dicke Bände eingebunden sind, kommt es leider zu Verzerrungen. Der Autor bittet um Nachsicht.

-Bundesarchiv: diverse Akten DO 1/xxxxx
-Deutsches Historisches Museum Berlin
-http://www.kuenker.de/
-Karaschewski, Jörg M.: Flaggen in der DDR, BoD Norderstedt 2015
-SLUB Dresden/Deutsche Fotothek
-Sankt Nikolai zu Leipzig, Ausstellung zur Friedensbewegung der DDR 2017
-Schulze, Dieter: Das große Buch der Volkspolizei
-Schurdel, Harry D.: Flaggen & Wappen Deutschland, Battenberg Verlag 1995
-Tribüne vom 29.09.1989
-Volksmarine ein Ehrenname, Politische Verwaltung der Volksmarine 1985
-Wikipedia
-Youtube.de: https://m.youtube.com/watch?v=RY3us0HV4sI von Timetraveling Historian

Die Wappen des Norddeutschen Bundes

Vorwort

Die Gründung des Norddeutschen Bundes jährte sich am 01.07.2017 zum 150. Male. Damals wurde der Grundstein für einen deutschen Nationalstaat gelegt. Weder Regierung noch Politiker würdigten dieses Ereignis mit einem Festakt oder wenigstens mit ein paar wohlwollenden Reden. Die deutsche Geschichte ist ihnen gleichgültig. Man wird sich später mit der Teilnahme am europäischen Festakt für Helmut Kohl herausreden. Die deutschen Historiker glänzen genauso mit Abwesenheit. In 2017 erschien bis zum Zeitpunkt dieser Veröffentlichung kein einziges geschichtliches Buch über den Norddeutschen Bund. Es ist bisher kein Einziges angekündigt worden. Auch die sich gern selbstlobenden Medien würdigten dieses Ereignis in keiner Weise. Der deutschsprachigen Wikipedia ist die am gleichen Tag erfolgte Gründung des Dominion Kanada viel wichtiger. Es ist eine Schande wie deutsche Geschichte entsorgt wird.

Nur das Bundesfinanzministerium emittierte ein Postwertzeichen zum Jubiläum (Abb. s. S. 52). Der Nennwert der Briefmarke beträgt allerdings 320 Cent und wird praktisch kaum genutzt werden. Der Tradition folgend brachte die Deutsche Post ein Ersttagsblatt und ein sehr schönes Gedenkset heraus.

Diese Studie wurde vor Heraldikern in Form eines Vortrages erstmals veröffentlicht. Später erschien in der heraldischen Vereinszeitschrift „Kleeblatt“ eine verkürzte Publikation.

Dr. Andreas Herzfeld FFIAV, FFRC
Im Herbst 2017

Einleitung

Der Norddeutsche Bund (NDB) feiert im Jahr 2017 den 150. Jahrestag seiner Gründung. Dieses Ereignis wird mit einem Postwertzeichen gewürdigt, auf dem das große Siegel abgebildet ist. Aber dieser nur kurzlebige Staat ist vielen Deutschen kein Begriff mehr und seine Symbole sind vergessen.

Im Gefolge der Befreiungskriege vom Napoleonischen Joch und des Wiener Kongresses bildete sich 1815 der Deutsche Bund als loses Bündnis deutscher Staaten. Dieser bestand aus 38 Gründungsstaaten. 1817 wurde Hessen-Homburg als 39. Staat aufgenommen. Bis 1863 verringerte sich durch Kauf oder Erbgänge die Anzahl der Bundesstaaten auf 35. Preußen und Österreich waren nur mit einzelnen Landesteilen Mitglied im Deutschen Bund. Weiterhin waren durch Personalunion und Besitz von Territorien im Bereich des Bundes der König von Großbritannien und Irland als König von Hannover (bis 1837), der König von Dänemark als Herzog von Lauenburg und Holstein (bis 1864), der König der Niederlande als Großherzog von Luxemburg und ab 1839 als Herzog von Limburg ebenfalls Mitglieder des Deutschen Bundes.

Nach dem Sieg Preußens über Österreich 1866 entstand anstelle des Deutschen Bundes ein Militärbund unter preußischer Führung mit insgesamt 22 Mitgliedern. Diese vereinte der Wille zur Bildung eines gemeinsamen Staates. Am 01.07.1867 trat die Verfassung in Kraft und der Militärbund wurde zum einheitlichen Staat „Norddeutscher Bund“ (NDB). Es fehlten: Baden, Bayern, Hessen südlich des Mains und Württemberg. Die süddeutschen Staaten lehnten damals einen Beitritt ab. Erst nach dem Sieg über Frankreich entstand das Deutsche Reich.

Nach der Gründung des NDB gingen die Verhandlungen mit den süddeutschen Ländern über die Verwirklichung eines geeinten deutschen Nationalstaates weiter.

Aus diesem Grund wählte man auch die Bezeichnung NORDDEUTSCHER BUND und nicht Deutscher Bund oder Deutsches Reich. Der sicher auch damals favorisierte Reichsadler kam als Wappen nicht in Frage. Man wählte deshalb dieses heraldisch unmögliche Insiegel. Die für Flagge und kleines Wappen verwendete Farbfolge schwarz-weiß-rot war neutral, repräsentierte keinen deutschen Bundesstaat und konnte so auch im Kaiserreich weiter verwendet werden.

Die Stimmenvergabe im Bundesrat richtete sich nach den Vorschriften des Deutschen Bundes. Somit erhielt Preußen mit den ehemaligen Stimmen von Hannover, Kurhessen, Holstein, Nassau und Frankfurt 17 Stimmen von 43, das Königreich Sachsen 4 Stimmen, alle anderen Bundesstaaten nur 1-2 Stimmen.

Der preußische König Wilhelm wurde Präsident des NDB und Bismarck Bundeskanzler. Die Bundesflagge wurde bereits in der Verfassung festgelegt. Über Wappen und Insiegel[26] gab es keine Festlegungen.

[26] Insiegel war vom 13. Jhd. bis 1918 die Bezeichnung für Siegel

Bundes-Insiegel – Großes Wappen?

In Ermangelung eines Bundes-Insiegels siegelte man bis zum 31.08.1867 mit dem königlichen (preußischen) Insiegel. Das neugeschaffene Bundes-Insiegel kam am 12.10.1867 erstmalig und am 29.11.1870 letztmalig in Anwendung.

Mit der Schaffung eines **Bundes-Insiegels** beauftragte das Bundeskanzleramt in Zusammenarbeit mit dem preußischen Heroldsamt den „Graveur und akademischen Künstler" A. Wappenstein aus Berlin, Leipziger Straße 86. Die Vorgabe des Bundeskanzleramtes lautete, ein Siegel für den NDB, das den *Hauptschild* sämtlicher Bundesstaaten enthält, zu schaffen. Außerdem verlangte man, den Entwurf zur Kontrolle vorzulegen, um überprüfen zu können, ob die Schilde nach heraldischen Gesetzen und genauer Kenntnis der Rangordnung platziert wurden.

Trotz dieser Kontrolle durch das Bundeskanzleramt enthielt das Bundes-Insiegel in seiner ersten Variante DREI fehlerhafte Wappen und ZWEIMAL wurde die Rangordnung nicht beachtet.

Das Bundes-Insiegel wurde aus Messing gefertigt und war drei preußische Zoll (à 2,615 cm = 7,845cm) groß.

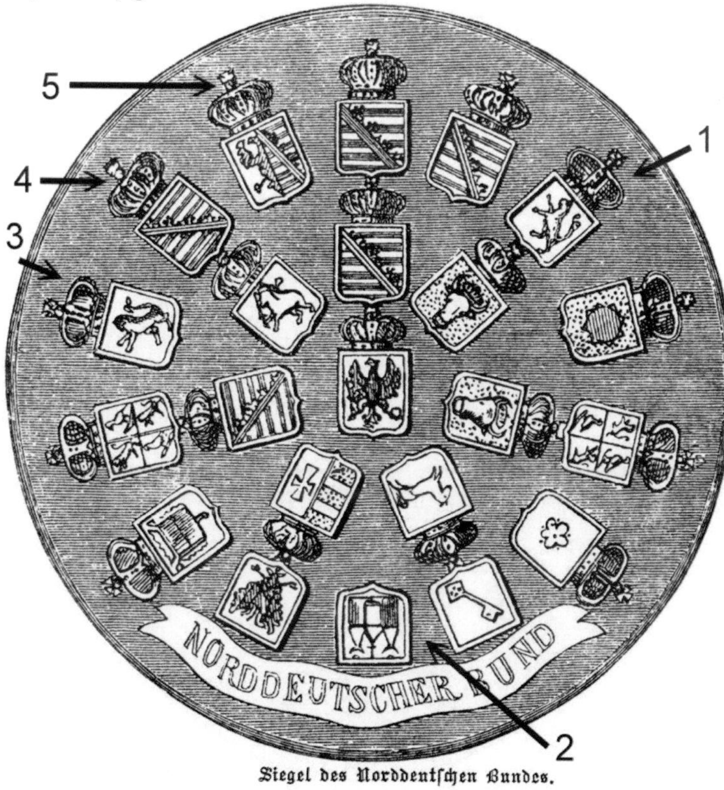

Siegel des Norddeutschen Bundes.

Erste Variante des Bundes-Insiegels. Mit Pfeilen sind die Fehler markiert

Schwarzburg-Rudolstadt, Schwarzburg-Sonderhausen und Hamburg bemängelten die falschen Wappenabbildungen. Soweit man auf dem vergrößerten Insiegelscan erkennen kann, entsprach die Abbildung der Burg im Wappen Hamburgs nicht den Vorgaben (S. 49 Pfeil 2). Im Falle beider Schwarzburge hatte der Graveur den schreitenden Löwen des Wappens der Schwarzburg anstelle des fürstlichen Wappens verwendet (nebenstehende Abb. u. S. 49 Pfeile 1,3). Sicherheitshalber sendete man eine korrekte Wappenabbildung an das Bundeskanzleramt. Am 10.01.1868 informierte das Bundeskanzleramt die drei Bundesstaaten über die erfolgte Korrektur des Bundes-Insiegel und legte einen Abdruck des Insiegels vom 07.01.1868 bei. Somit war die **erste Variante** vom 12.10.1867 bis 06.01.1868 in Gebrauch.

Nicht korrigiert wurde die falsche Rangordnung. Graf von Stillfried, Chef des preußischen Heroldamtes, entdeckte diesen Fehler und informierte mit Schreiben vom 20.03.1869 das Bundeskanzleramt.

Die abgebildete Rangfolge *Anhalt – Sachsen-Altenburg – Sachsen-Coburg-Gotha* (S. 49 Pfeile 4,5) ist falsch. Richtig war *Sachsen-Altenburg – Sachsen-Coburg-Gotha – Anhalt*. Nach etwas Zögern korrigierte man das Bundes-Insiegel und informierte den Grafen von Stillfried am 04.05.1869 über die erfolgreiche Berichtigung des Insiegels. Die **zweite teilkorrigierte Variante** war also vom 07.01.1868 bis 03.05.1869 in Verwendung.

Das korrekte Bundes-Insiegel

Vom 04.05.1869 bis 29.11.1870 war die **dritte und korrekte Variante** in Gebrauch. Wie war der Aufbau des Insiegels? Es enthielt die Wappen der 22 Mitgliedstaaten, in der Mitte das Wappen Preußens, im inneren Ring 7 Wappen und im äußerer Ring 14 Wappen

Die Schilde 1-12 tragen fünfbüglige Königskronen (Preußen bis Anhalt), die Schilde 13-19 tragen einen Fürstenhut (Schwarzburg-Rudolstadt bis Lippe), die Schilde 20-22 sind ungekrönt (Hansestädte) und darunter ein geschwungenes Band mit der Inschrift „NORDDEUTSCHER BUND“.

Die Anordnung der Wappen entsprechend ihrer Rangfolge ist:

1 – Königreich Preußen
2 – Königreich Sachsen
3 – Großherzogtum Hessen
4 – Großherzogtum Mecklenburg-Schwerin
5 – Großherzogtum Sachsen-Weimar-Eisenach
6 – Großherzogtum Mecklenburg-Strelitz
7 – Großherzogtum Oldenburg
8 – Herzogtum Braunschweig
9 – Herzogtum Sachsen-Meiningen
10 – Herzogtum Sachsen-Altenburg
11 – Herzogtum Sachsen-Coburg-Gotha
12 – Herzogtum Anhalt
13 – Fürstentum Schwarzburg-Rudolstadt
14 – Fürstentum Schwarzburg-Sondershausen
15 – Fürstentum Waldeck
16 – Fürstentum Reuß ältere Linie
17 – Fürstentum Reuß jüngere Linie
18 – Fürstentum Schaumburg-Lippe
19 – Fürstentum Lippe
20 – Freie und Hansestadt Lübeck
21 – Freie Hansestadt Bremen
22 – Freie und Hansestadt Hamburg

Siegelmarke des NDB

Postwertzeichen 150 Jahre NDB

Die Siegelmarken des NDB tragen ebenfalls das Bundes-Insiegel.
Das Bundes-Insiegel entsprach in keiner Weise den Anforderungen eines Staatswappens. Aber einige Zeitgenossen wie Graf von Stillfried (nächste Seite), immerhin Vorsitzender des preußischen Heroldsamtes, oder Harrach (s. unten, Abb. bei Neubecker) sahen im Bundes-Insiegel das große Wappen des NDB, wie ihre späteren Wappenentwürfe für das Deutsche Reich zeigen.

Abb. 5. Zeichnung Harrachs zu einem großen Reichswappen.

Harrachs Wappenentwurf eines großen Staatswappens
Auf der Brust das Wappen Preußens
Auf den Flügeln die Wappen der Bundesstaaten

Entwurf des Wappens für das Deutsche Reich durch Graf von Stillfried
Das Wappen Preußens liegt im Zentrum, gekrönt mit einer Mitra, statt einer Krone
Die Wappen und Namen aller Bundesstaaten in der Umrandung

Durch den Übergang der Herausgabe der offiziellen deutschen Ausgabe des Internationalen Signalbuches (ISB) und der dazugehörigen Schiffsliste von Preußen auf den NDB veranlasste das Bundeskanzleramt das Bundes-Insiegel im Sinne eines Staatswappens zu verwenden. Auch alle späteren Ausgaben des ISB führen das jeweils gültige deutsche Staatswappen.

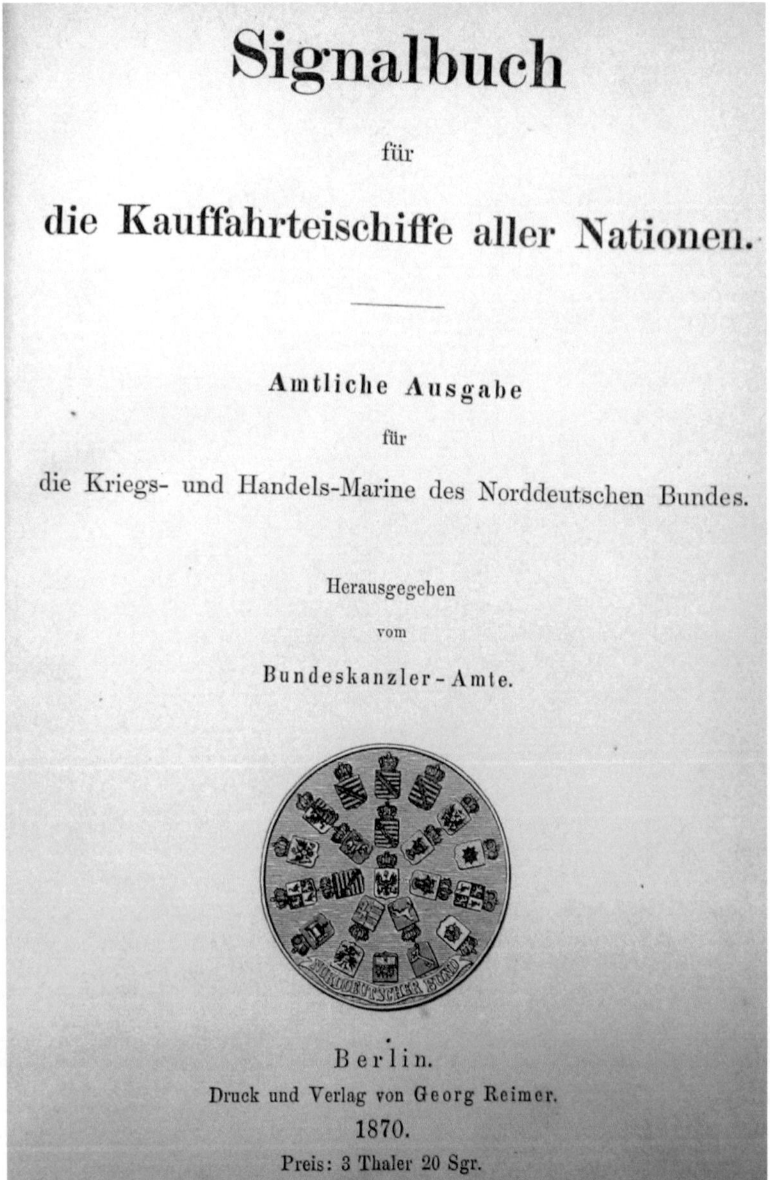

Signalbuch

für

die Kauffahrteischiffe aller Nationen.

Amtliche Ausgabe

für

die Kriegs- und Handels-Marine des Norddeutschen Bundes.

Herausgegeben

vom

Bundeskanzler-Amte.

Berlin.

Druck und Verlag von Georg Reimer.

1870.

Preis: 3 Thaler 20 Sgr.

Consulatswappen – Kleines Wappen

Das Fehlen eines Staatswappens für den NDB machte sich im Bereich des Auswärtigen Amtes bemerkbar. In einem von Herrn Hünig verfassten Memorandum an König Wilhelm und Kanzler Bismarck heißt es „Die besoldeten Bundeskonsulate im Orient bedürfen, dem Gebrauch gemäß, eines Wappenschildes. Ob in Neu-York und Moskau die Aufstellung eines Wappens gestattet und üblich ist, ist mir nicht bekannt.“ Daraufhin wurde ein sogenanntes „**Consulatwappen**“ geschaffen. Der erste Entwurf war zu preußenlastig. Der zweite Entwurf mit dem schwarz-weiß-rotem Schild und je drei Handelsflaggen rechts und links (S. 57) wurde König Wilhelm vorgelegt. Dieser vermerkte am Rand: „Genehmigt, jedoch anstelle der Fahnen, die wilden Männer“. Mit Kabinettsordre vom 30.11.1867 wurde es genehmigt. Das endgültige Wappen zeigt die Abbildung auf Seite 56. Im Preußischen Staatsanzeiger 1868, S. 762 (s. u.), wird das Consulatswappen als kleines Wappen bezeichnet, welches vorerst nur im Auswärtigen Bereich Verwendung findet.

> Das kleine Wappen, zunächst für die Konsulate des Norddeutschen Bundes, dann auch für Bundessiegel bestimmt, zeigt einen Schild, quergestreift mit den Bundesfarben schwarz-weiß-roth, und auf demselben ruht die preußische Königskrone, an den Seiten stehen die mit Keulen bewaffneten wilden Männer des preußischen Wappens als Schildhalter.

Neubecker dagegen schreibt in seiner Dissertation, dass es auch andere Staaten gebe, die im Bereich des Außenministeriums und der Außenvertretungen Wappen führen, die aber keine Staatswappen sind. Ungeachtet dieser Einschätzung verwendete der Norddeutsche Postbezirk (s. S. 56) das Consulatswappen mit einem Posthorn in seinen Amtsschildern. Weiterhin findet sich das Consulatswappen im Siegel des Bundes-Oberhandelsgerichtes, auf Anleihepapieren des Bundes und auf dem Titelblatt der Gesetzes-Sammlung für das Deutsche Reich 1867-1870 vom Januar 1871.

Zusammenfassend kann man feststellen:
Der NDB hatte kein offizielles großes Staatswappen. Im Bereich der internationalen Seefahrt und Teilen der Verwaltung (Siegelmarken) fand das Bundes-Insiegel Verwendung wie ein Staatswappen. Das offiziell genehmigte Consulatswappen entsprach dem kleinen Wappen.

Erster Entwurf des Consulatswappens

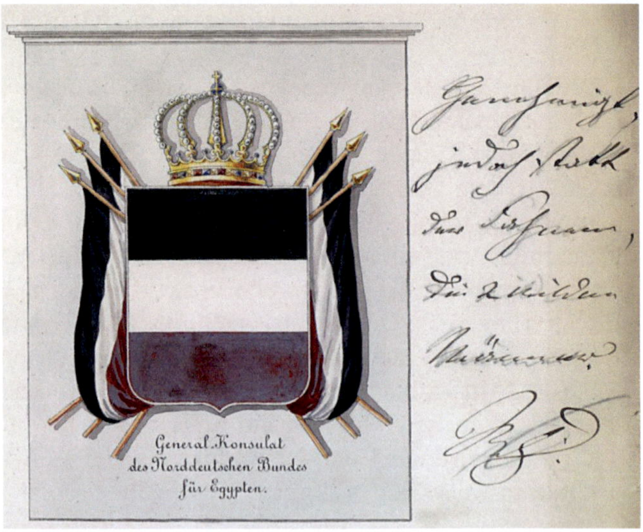

Zweiter Wappenentwurf des Consulatswappen mit König Wilhelms Notiz: „Genehmigt, jedoch statt der Fahnen die 2 wilden Männer“

Endgültiges Consulatswappen

Re.: Amtsschild des Norddeutschen Postbezirkes

U.: Flagge des Norddeutschen Bundes
und des Deutschen Reiches

Kriegsflagge des Norddeutschen Bundes
und des Deutschen Reiches bis 1892

Flaggen

Im Gegensatz zur Unschlüssigkeit in puncto Wappen und Siegel legte sich der NDB sehr schnell ein umfassendes und international vergleichbares Flaggensystem zu. Die **Nationalflagge** wurde in der Verfassung vom 01.07.1867 mit drei gleichbreiten horizontalen Streifen in den Farben schwarz, weiß und rot festgelegt (s. vorige Seite). Bereits am 04.07.1867 genehmigte man mit Allerhöchstem Präsidialerlaß die **Kriegsflagge** (s. vorige Seite). Im bereits oben zitierten Artikel des Preußischen Staatsanzeigers von 1868 werden alle weiteren Flaggen aufgeführt. Es bleibt somit unklar, ob die Dienstflaggen des NDB (Lotsen, Post, Zoll u.a.) bereits am 4.7.1867 oder erst im Laufe der nächsten Monate eingeführt wurden. Alle Flaggen werden erstmalig im Flaggen- und Salut-Reglement von 1868 abgebildet.
In der bereits erwähnten Kabinetts-Ordre vom 30.11.1867 wurde auch bestimmt, dass die Konsulate die Kriegsflagge hissen. Später durfte auch die National- und Handelsflagge verwendet werden.

Weitere Wappen

Das Heer und die Marine des Norddeutschen Bundes wurden überwiegend von Preußen gestellt und geführt. Dieser Umstand und das Fehlen eines Wappens führten dazu, dass die Kriegsflagge und alle von ihr abgeleiteten Flaggen (Lotsen, Post, Zoll u.a., s. vorige S.) das kleine preußische Wappen enthielten. Ein Mißstand der bis 1919 nicht korrigiert bzw. geheilt wurde.
Möglicherweise spielt auch eine Rolle, dass die Bayerischen Armee-Korps in Friedenszeiten (bis 1914) nicht dem Kriegsministerium in Berlin unterstanden sondern selbstständig waren.
Das Flaggen- und Salut-Reglement von 1868 schmückt das Mittlere Preußische Wappen. Preußen stellte den Löwenanteil des Bundesheeres und der Bundesmarine. Außerdem gab es ja kein Bundeswappen.

Allerhöchst genehmigtes

Flaggen- und Salut-Reglement.

Berlin.

Gedruckt bei Julius Sittenfeld.

1868.

Quellen

-BArch R 1401-1532
-Bundes-Gesetzblatt des Norddeutschen Bundes 1867-1871
-Bundeskanzler-Amt: Signalbuch für die Kauffahrtei-Schiffe aller Nationen, Amtliche Ausgabe für die Kriegs- und Handels-Marine des Norddeutschen Bundes, Berlin 1870, Verlag Georg Reimer
-Flaggen- und Salut-Reglement, Allerhöchst genehmigt: Berlin 1868, Verlag Julius Sittenfeld
-GehStArchPreußKulturbesitz: I HA Rep. 89, Nr. 174
-Neubecker, Ottfried: Das Deutsche Wappen 1806-1871, Inaugural-Dissertation 06.10.1931, gedruckt bei Hans Kretschmer, Kunstanstalt für Hoch- und Flachdruck, Görlitz-Biesnitz
-Postmuseum Frankfurt/Main
-Preußischer Staatsanzeiger 1868, S. 762
-Staatsarchiv Hamburg 111-1 Senat, 6712

Wappenentwurf für das geplante Reichskommissariat Russland

Vor Jahren fand der Autor einen Wappenentwurf für das geplante Reichskommissariat Russland[27] (und nicht Moskowien, wie es in der Wikipedia steht). Wann und wer diesen Entwurf geschaffen hat, ist in der Akte leider nicht erhalten geblieben. Bekanntermaßen hatte Hitler bereits Einladungskarten für die Siegesparade in Moskau drucken lassen. Diese fand nie statt. Wahrscheinlich entstand der Wappenentwurf in diesem Umfeld. Für alle vier geplanten Reichskommissariate (Ostland, Ukraine, Russland und Kaukasus) existierten detaillierte Raumordnungspläne. Einen Wappenentwurf gab es nach heutigem Kenntnisstand nur für Russland. Interessant ist auch, dass dieser Entwurf erst am 01.05.1944 ad acta gelegt wurde. Augenscheinlich hoffte man bis dahin, das Blatt noch wenden zu können.

Schaut man sich den Entwurf an, erstaunt die gelungene Symbiose zwischen NS- und Sowjetheraldik. Die Fäuste und der Hammer sind typische kommunistische und sowjetische Symbole. Das Schwert war Bestandteil des ersten Wappenentwurfes für die RSFSR (Sowjetrussland). Aber auch in der NS-Heraldik wird das Schwert häufig verwendet. So fällt dem Betrachter die Ähnlichkeit mit dem Logo des Reichsnährstandes auf. In beiden Symbolen weist das Schwert auf die kriegerische Eroberung des (Acker-)landes hin. Der Eichenlaubkranz seinerseits ist ebenfalls ein typisch deutsches Wappenelement. Im Wappen der RSFSR waren Weizenähren kranzartig angeordnet.

Wappenentwurf für das Reichskommissariat Russland

Symbol des Reichsnährstandes

[27] BArch. NS 19 – Reichskommissariat III Russland